OS BENEFÍCIOS DO COCO

OS BENEFÍCIOS DO COCO

40 RECEITAS IRRESISTÍVEIS PARA AUMENTAR A ENERGIA

EMILY JONZEN
FOTOS DE CLARE WINFIELD

PUBLIFOLHA

SUMÁRIO

O COCO É ÓTIMO

O termo “superalimento” tem sido usado para designar diversos ingredientes sobre os quais muitas pessoas nunca ouviram falar. E as pesquisas científicas que surgem para nos orientar sobre o que comer e o que evitar acabam nos confundindo.

Os inúmeros benefícios do coco para a saúde, no entanto, consolidam-no como um superalimento que chegou para ficar. O coco, em suas várias formas, é rico em vitaminas B, C e E, assim como em minerais, por exemplo, selênio, ferro, cálcio, magnésio e fósforo. Seu leite é uma excelente alternativa para os intolerantes à lactose; a água tem altos níveis de fosfatos e eletrólitos naturais — por isso é a bebida de recuperação preferida dos atletas —, e a farinha é uma grande fonte de fibras e proteína. O coco, portanto, longe de ser um substituto inferior aos laticínios e produtos que contêm glúten, oferece a um só tempo um sabor delicioso e um elevado teor nutricional.

OS BENEFÍCIOS DO COCO

O coco é infinitamente versátil e pode ser usado em receitas simples do dia a dia com resultados deliciosos. Este livro é dividido em quatro capítulos, classificados por ingrediente: "Leite e água" apresenta receitas fáceis de smoothies e sucos, sopas e curries; "Óleo" concentra-se em refeições para o dia a dia, da granola ao risoto; "Farinha" traz opções deliciosas de bolos, panquecas e pães; e "Desidratado" mostra como aprimorar seus pratos com o sabor amendoado desse fruto.

COMPRE O MELHOR

Os produtos à base de coco em geral são mais caros que as alternativas comuns, mas rendem bastante. Então, compre o melhor que puder (pp. 10-1).

Dicas para escolher bem

- Quando comprar coco inteiro, agite-o para saber se há bastante água dentro dele – se estiver com pouca, ele pode estar passado e com gosto de sabão.
- Confira se não há rachaduras na casca e se os "olhos" marrons em ambas as extremidades estão intactos e secos.

Como abrir

Para abrir o coco, coloque-o sobre uma tábua de cortar, com os "olhos" voltados para cima. Aperte cada um deles com uma chave de fenda ou espeto para saber qual é o mais mole – esse poderá ser aberto com mais facilidade. Faça um furo e, em seguida, escoe a água em um recipiente.

Depois, vire-o de lado e use a parte sem fio da lâmina de uma faca para bater repetidamente na circunferência do coco até que comece a rachar.

Continue até ter duas metades. A polpa pode então ser retirada com uma colher.

Como armazenar

O coco ainda inteiro pode ser mantido na geladeira por 2 meses. Depois de aberto, a polpa pode ser refrigerada em um recipiente hermético por 3 dias. Ela também pode ser ralada e congelada por 6 meses.

FORMAS DE CONSUMO

O coco, em suas diversas formas, pode ser considerado um pouco caro. Por isso, tenha certeza de que está comprando o melhor.

Água

A doçura do líquido encontrado no interior do coco pode variar, dependendo da idade da fruta e do ambiente em que foi cultivada. Com alto teor de eletrólitos, fibras, potássio, magnésio e fósforo, é a bebida ideal para depois de atividades físicas. Por causa de seus níveis de açúcar equilibrados, das vitaminas e da riqueza de seus sais minerais, é muito mais saudável que os sucos de fruta com alto teor de açúcar e pode ser apreciada sozinha ou misturada a outras bebidas. Está disponível em embalagens longa-vida, mas leia o rótulo e prefira as versões mais puras, orgânicas e sem adição de açúcar. Depois de abrir o coco, mantenha a água na geladeira por 3 dias.

Leite e creme

O leite é feito com a polpa ralada do coco demolhada (ou batida) em água quente. A polpa é espremida através de um tecido fino (voal) para extrair o leite grosso, que não contém lactose nem hormônios e é rico em vitaminas do complexo B, ferro e cobre. Após um período refrigerado, o creme integral se separa do leite.

O leite de coco também está disponível em versões industrializadas. Para uma versão com baixo teor de gordura, opte pelo integral, use metade dele e complete com água. Armazene o leite ou o creme em um pote hermético e mantenha-os na geladeira por 3 dias.

Farinha

É feita da polpa de coco desidratada e moída. Não contém glúten, tem quase o dobro de fibras do farelo de trigo e muito mais proteínas do que o trigo, o centeio ou a maisena. Pode ser usada em bolos, muffins e panquecas, mas talvez precise ser misturada com goma xantana para imitar a proteína elástica do glúten, que mantém unidos os produtos das receitas à base de farinha de trigo. Ela incha em contato com líquidos, por essa razão as proporções de ovos e outros líquidos são diferentes das utilizadas nas receitas com farinha de trigo.

Está disponível em mercados e lojas de alimentos naturais. A orgânica é mais cara, mas a quantidade utilizada é menor do que a de farinha convencional – em geral 2-3 colheres (sopa), em vez de 100 g. Mantenha em um recipiente hermético, em local fresco e ao abrigo da luz até o prazo de validade.

Desidratado

É feito com a polpa ralada ou cortada do coco, que depois é branqueada para remover impurezas e desidratada até que o nível de umidade chegue a 3% (partindo de 19%). Prefira a versão orgânica. Dura meses dentro de um pote hermético.

Açúcar

Obtido das flores da palma de coco, pode substituir o açúcar de cana, porém é mais rico em sabor e mais leve, portanto não faça a substituição de um pelo outro medida por medida. Possui índice glicêmico baixo, o que o torna uma opção para os diabéticos. Alguns fabricantes o misturam com açúcar de cana, por isso verifique o rótulo.

Óleo

Pode substituir o azeite e o óleo de girassol na maioria dos pratos. É ótimo para saltear e fritar levemente, mas seu ponto de fumaça relativamente baixo (por não ser refinado) não o torna adequado para fritar ou cozinhar em temperaturas muito altas. Tem sabor suavemente adocicado e amendoado que complementa vários alimentos. Pode ser adquirido sem sabor, mas será mais processado e menos nutritivo.

Embora seja rico em gordura saturada, o óleo de coco é benéfico para o coração por causa da elevada percentagem de ácido láurico, que ajuda a prevenir a hipertensão arterial e diminuir o colesterol. Suas propriedades antifúngicas, antibacterianas e antivirais também colaboram para fortalecer o sistema imunológico.

Os inúmeros benefícios do óleo de coco para a saúde serão mais potentes se ele for orgânico, virgem e puro, livre dos conservantes químicos que podem ser encontrados no óleo de coco refinado. Portanto, verifique o rótulo. Óleos de coco de boa qualidade já estão disponíveis na maioria dos mercados e lojas de alimentos naturais. O óleo fica sólido em temperatura ambiente e deverá ser derretido em fogo baixo, se necessário. Armazene em um recipiente com a tampa bem fechada e mantenha longe da luz solar direta.

LEITE E ÁGUA

SMOOTHIE VERDE DE COCO E AMÊNDOA

* VEGETARIANO * SEM LATICÍNIOS * SEM GLÚTEN

A pasta de amêndoa e a água de coco contrabalançam algum possível amargor do espinafre nesse smoothie refrescante – a maneira perfeita de iniciar o dia bem nutrido.

Rende 2 porções

2 bananas picadas grosseiramente e congeladas
2 colheres (sopa) de manteiga de amêndoa*
dois punhados grandes de espinafre
500 ml de água de coco
cubos de gelo

1. Coloque os ingredientes no liquidificador e bata até ficar homogêneo. Sirva imediatamente ou transfira para um recipiente com tampa que possa ser transportado.

* Para fazer manteiga de qualquer oleaginosa, bata no liquidificador ou processador a quantidade desejada, até ficar com a consistência cremosa, proporcionada pelos óleos naturais.

SUCO DE LARANJA E ÁGUA DE COCO

* VEGETARIANO * SEM LATICÍNIOS * SEM GLÚTEN

Essa bebida revigorante é ideal para se recuperar de resfriados e gripes. A água de coco é antibacteriana e antifúngica, e o gengibre é antiviral.

Rende 2 porções

2 laranjas
4 cm de gengibre descascado
500 ml de água de coco
gelo picado, para servir

1. Passe a laranja, o gengibre e a água de coco na centrífuga e sirva imediatamente sobre o gelo picado. Caso não tenha centrífuga, esprema a laranja e rale finamente o gengibre no suco. Adicione a água de coco, mexa e coloque o gelo.

CHOCOLATE QUENTE COM CARDAMOMO

* VEGETARIANO * SEM GLÚTEN

A cremosidade do leite de coco o torna ideal para um saboroso chocolate quente, com as vantagens de conter mais ferro e cobre do que o leite de vaca, além de ajudar a manter o sistema imunológico saudável. Aqueça-se com essa bebida agradável e aromática.

Rende 2 porções

250 ml de leite de coco
250 ml de água fervente
2 bagas de cardamomo trituradas com a lateral de uma faca
100 g de chocolate amargo (70% ou mais de cacau) picado finamente
sal marinho
maple syrup

1. Em uma panela pequena, aqueça o leite, a água e o cardamomo em fogo baixo até começar a ferver. Retire do fogo, adicione o chocolate amargo e mexa até que ele derreta.

2. Para servir, adicione uma pitada de sal marinho e maple syrup a gosto. Reaqueça, se necessário, mas sem ferver. Sirva em canecas.

Fica ótimo com o Cookie de aveia e ginja (p. 87).

MÜSLI DE COCO E FRUTAS VERMELHAS

* VEGETARIANO * SEM LATICÍNIOS

Essa receita suíça, com flocos de aveia demolhados em leite de coco e suco de maçã, é uma delícia para ser apreciada com maçã e frutas vermelhas na manhã seguinte. Sugiro framboesas, mas outras frutas também funcionam bem.

Rende 2 porções

50 g de flocos de aveia
150 ml de leite de coco
100 ml de suco de maçã (não concentrado)

Para servir
30 g de amêndoa picada grosseiramente
1 maçã Fuji ralada grosseiramente
150 g de framboesa fresca ou congelada
maple syrup (opcional)

1. Coloque os flocos de aveia em uma tigela ou jarra medidora e adicione o leite de coco e o suco de maçã. Cubra e deixe na geladeira por 2 horas, no mínimo, ou de preferência a noite toda.

2. Para servir, distribua o müsli em duas tigelas e adicione um pouco mais de suco de maçã, se necessário. Espalhe as amêndoas, a maçã e as framboesas e sirva com um pouco do maple syrup, se desejar.

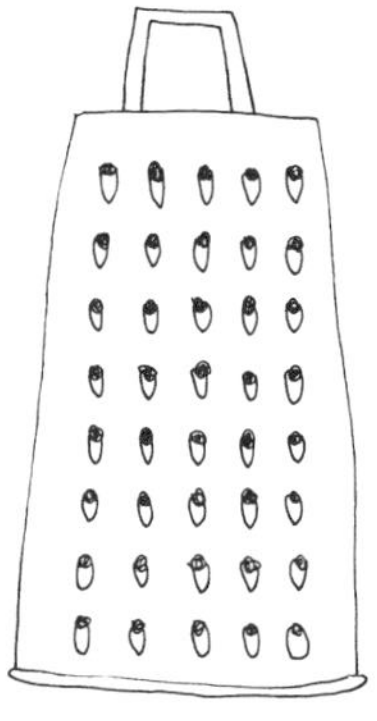

TIGELA DE BANANA E FRUTAS VERMELHAS

* VEGETARIANO * SEM LATICÍNIOS * SEM GLÚTEN

Comece o dia com um smoothie colorido, servido de uma forma diferente. Essa é uma opção deliciosa de consumir vários nutrientes logo pela manhã.

Rende 2 porções

2 bananas (1 picada grosseiramente e congelada e 1 inteira)
200 ml de leite de coco
1 maçã Fuji picada grosseiramente
2 colheres (sopa) de chia
400 g de frutas vermelhas mistas (mirtilo, framboesa e morango)
água filtrada ou água mineral

Para servir
2 colheres (sopa) de sementes mistas [de abóbora, gergelim e girassol]
2 colheres (sopa) de lascas de coco

1. Coloque a banana congelada, o leite de coco, a maçã e a chia no liquidificador ou processador. Adicione as frutas vermelhas, reservando algumas para decorar. Bata até obter uma mistura homogênea; se ficar muito espessa, adicione um pouco de água.

2. Divida esse purê entre duas tigelas e cubra com as frutas vermelhas reservadas, as sementes mistas e as lascas de coco. Na hora de servir, corte a banana inteira em rodelas e arrume-a na tigela em volta das outras coberturas.

Dê preferência às frutas vermelhas congeladas se não tiver frescas à mão – elas são mais acessíveis e darão ao smoothie uma consistência mais cremosa.

TACO DE CAMARÃO COM COCO E LIMÃO

* SEM LATICÍNIOS

Esses tacos leves e saborosos são perfeitos para uma refeição fácil e rápida. O avocado, repleto de potássio, fibras e ácidos graxos monoinsaturados saudáveis para o coração, complementa perfeitamente o teor nutritivo do coco.

Rende 4 porções

100 ml de leite de coco
suco e raspas de 1 limão
um punhado pequeno de talos de coentro picados finamente
190 g de camarão graúdo
uma pitada de pimenta-calabresa
2 colheres (chá) de óleo de coco
4 tortilhas de milho pequenas
sal marinho

Para servir

1 avocado* maduro fatiado finamente
2 cebolinhas cortadas em rodelas finas
um punhado pequeno de folhas de coentro picadas grosseiramente
molho chipotle (opcional)

1. Primeiro prepare o molho. Bata o leite de coco para dissolver possíveis grumos. Adicione o suco de limão e os talos de coentro picados. Reserve.

2. Numa tigela não metálica, tempere os camarões com uma pitada de sal marinho, a pimenta-calabresa e as raspas de limão e misture bem. Aqueça uma frigideira antiaderente e adicione o óleo de coco. Junte os camarões e salteie por 1-2 minutos, até dourarem e ficarem opacos. Retire-os com uma escumadeira e reserve.

3. Use um pedaço de papel-toalha para absorver a gordura da frigideira e leve as tortilhas ao fogo por cerca de 10 segundos, para aquecerem e amolecerem um pouco.

4. Espalhe sobre as tortilhas uma porção de avocado e de cebolinha, seguidos pelos camarões. Cubra com as folhas de coentro e o molho e finalize com gotas de molho chipotle, se desejar. Sirva imediatamente.

* Se não encontrar, pode usar meio abacate.

SOPA DE FRANGO, MINIMILHO E LIMÃO

* SEM LATICÍNIOS

Essa sopa é uma refeição saborosa em qualquer época do ano. Tradicionalmente, é bem picante – mas você pode ajustar a quantidade de pimenta de acordo com a sua preferência.

Rende 4 porções

1 colher (sopa) de óleo de coco
5 cm de gengibre descascado e picado grosseiramente
4 echalotas* descascadas e cortadas ao meio
4 folhas de limão-kaffir ou raspas de 2 limões
1-2 pimentas-malaguetas verdes cortadas ao meio no comprimento
2 talos de capim-limão pressionados com a faca
2 coxas de frango inteiras com pele
1,2 litro de caldo de galinha
400 ml de leite de coco
2 colheres (chá) de açúcar de coco ou açúcar de palma
150 g de minimilho fresco [ou em conserva, escorrido] cortado em rodelas grossas
200 g de cogumelo-de-paris ou shiitake fatiado
1½ colher (sopa) de molho de peixe
suco de 1 limão, mais algumas cunhas para servir
um punhado de coentro picado grosseiramente

1. Em uma panela grande, aqueça o óleo de coco em fogo médio. Adicione o gengibre, as echalotas, as folhas de limão-kaffir, a pimenta-malagueta e o capim-limão e refogue por 2-3 minutos, até dourarem.

2. Adicione as coxas de frango e refogue por mais 3-4 minutos, até dourarem levemente. Junte o caldo de galinha e deixe ferver. Reduza o fogo e mantenha por 20-25 minutos, até que o frango fique cozido por dentro. Retire as coxas da panela e reserve até esfriarem um pouco. Retire a carne do osso, desfie-a em pedaços pequenos e reserve.

3. Com uma peneira, coe o caldo do cozimento em outra panela grande, pressionando os ingredientes para extrair o máximo de sabor. Adicione à panela o leite de coco e o açúcar de coco. Aqueça a sopa até ferver, junte o minimilho e o cogumelo e cozinhe por mais 2 minutos. Coloque o frango desfiado na panela para aquecer. Acrescente o molho de peixe e o suco de limão.

4. Distribua a sopa em tigelas e sirva com o coentro e uma cunha de limão.

* A echalota é um tipo de cebola com sabor levemente adocicado e mais suave. Caso não encontre substitua por cebola-pérola ou cebola roxa (neste caso em menor quantidade que a pedida na receita)

DAHL DE LENTILHA VERMELHA E COCO

* VEGETARIANO * SEM LATICÍNIOS * SEM GLÚTEN

Essa receita requer algumas especiarias – e, uma vez que as tenha em casa, você poderá repetir essa refeição deliciosa sempre que desejar. O alho é uma grande fonte de vitamina C, manganês e outros minerais, entre eles cálcio e potássio. O gengibre é ótimo para a circulação sanguínea e tem sido usado há gerações como anti-inflamatório e tratamento para náuseas.

Rende 4 porções

1 colher (sopa) de óleo de coco
2 dentes de alho amassados
2,5 cm de gengibre descascado e ralado
1 pimenta-malagueta verde picada finamente
1 colher (chá) de semente de mostarda branca
½ colher (chá) de semente de nigela
1 colher (chá) de semente de cominho
1 cebola picada finamente
½ colher (chá) de cúrcuma
200 g de lentilha vermelha
400 g de tomate pelado em lata picado
400 ml de leite de coco
sal marinho e pimenta-do-reino moída na hora

Para servir
folhas de coentro
iogurte natural (opcional)

1. Em uma frigideira grande, aqueça o óleo de coco em fogo baixo-médio. Adicione o alho, o gengibre e a pimenta-malagueta e refogue por 1 minuto, ou até que soltem o aroma. Acrescente os três tipos de sementes e refogue por mais 1 minuto, até que fiquem tostadas e liberem seus aromas. Junte a cebola e refogue por mais 5-6 minutos, até amolecer. Adicione a cúrcuma e refogue por mais 1 minuto. Junte as lentilhas vermelhas.

2. Adicione o tomate pelado e o leite de coco e tempere a gosto. Despeje água em metade da lata vazia do tomate e adicione à panela. Deixe ferver, depois reduza o fogo e mantenha em fogo brando. Deixe o dahl cozinhando até começar a borbulhar, mexendo de vez em quando, por 20-25 minutos, até que as lentilhas fiquem macias e o molho tenha engrossado e reduzido.

3. Divida o dahl entre quatro tigelas e sirva com um punhado de folhas de coentro e uma colherada de iogurte natural. Também combina com o Pão de farinha de coco e sementes (p. 60).

SOPA DE COUVE-FLOR E ALHO

* VEGETARIANO * SEM LATICÍNIOS

A couve-flor e o alho, quando assados, trazem à tona seu sabor e sua doçura naturais. Essa sopa é o melhor que a simplicidade pode nos dar – poucos ingredientes reunidos pela cremosidade do leite de coco.

Rende 4 porções

1 cabeça de alho cortada ao meio na vertical
2 colheres (sopa) de óleo de coco derretido
800 g de couve-flor cortada em floretes
1 cebola picada
250 ml de leite de coco
750 ml de caldo de legumes
sal marinho e pimenta-do-reino moída na hora

Para servir
um punhado de salsa picada grosseiramente

1. Preaqueça o forno a 200°C. Regue cada metade da cabeça de alho com um pouco do óleo de coco e envolva em papel-alumínio. Coloque em uma assadeira e leve ao forno por 20 minutos.

2. Em outra assadeira, junte a couve-flor e a cebola e regue-as com o óleo de coco restante. Tempere levemente e misture. Asse por 20-25 minutos, até dourarem e ficarem macias. Retire as duas assadeiras do forno. O alho deve ter dourado e ficado completamente macio.

3. Ponha a couve-flor e a cebola no processador. Esprema a polpa do alho para fora de sua casca fina e adicione-o ao processador, junto com o leite de coco. Bata até ficar homogêneo e transfira para uma panela. Acrescente o caldo de legumes e aqueça até ferver. Prove e acerte o tempero.

4. Divida a sopa entre quatro tigelas e decore com a salsa.

PUDIM DE CHIA, PÊSSEGO E BAUNILHA

* VEGETARIANO * SEM LATICÍNIOS * SEM GLÚTEN

Nessa receita, os nutrientes da chia são incrementados pelas gorduras boas do leite de coco – uma combinação vencedora. Esse pudim é ideal para um café da manhã leve, antes de atividades físicas. O pêssego combina muito bem aqui, mas também é possível usar outra fruta de sua preferência.

Rende 2 porções

40 g de chia
200 ml de leite de coco
200 ml de leite de amêndoa
sementes de 1 fava de baunilha

Para servir
1 pêssego maduro fatiado
um punhado de pistache (cerca de 20 g) picado grosseiramente

1. Em uma tigela, coloque a chia, o leite de coco, o leite de amêndoa e as sementes de baunilha. Misture bem e divida entre dois potes pequenos de servir. Leve-os à geladeira por pelo menos 2 horas ou por toda a noite.

2. Sirva cada pudim com as fatias de pêssego e o pistache por cima.

Para retirar as sementes da fava de baunilha, corte-a ao meio com uma faca, no sentido do comprimento, e raspe as sementes.

CREME DE COCO COM ABACAXI GRELHADO

*SEM LATICÍNIOS *SEM GLÚTEN

Essa sobremesa captura a essência do coco. A doçura rica e cremosa é complementada pela acidez leve do abacaxi. É fácil de preparar só para você no meio da semana, mas também causa uma ótima impressão quando servida para convidados após um jantar.

Rende 4 porções

4 folhas de gelatina incolor sem sabor
600 ml de leite de coco
50 g de açúcar de coco
sementes de 1 fava de baunilha
uma pitada de noz-moscada ralada na hora
½ abacaxi cortado no sentido do comprimento e em oito cunhas

1. Coloque as folhas de gelatina em uma tigela com água fria e afunde-as, para que fiquem submersas. Deixe-as de molho por 5 minutos.

2. Em uma panela, aqueça levemente o leite de coco com o açúcar de coco, a fava e as sementes de baunilha e a noz-moscada, até quase começar a ferver. Descarte a fava de baunilha.

3. Retire a gelatina amolecida da água e coloque-a na mistura de leite de coco até dissolver completamente. Tranfira para quatro potes ou ramequins e leve à geladeira por 2 horas, no mínimo.

4. Preaqueça uma frigideira canelada em fogo médio. Grelhe as cunhas de abacaxi por 2 minutos de cada lado, até ficarem ligeiramente caramelizadas. Deixe esfriar um pouco.

5. Disponha o abacaxi em um prato e sirva com o creme.

SORVETE INSTANTÂNEO

* VEGETARIANO * SEM LATICÍNIOS * SEM GLÚTEN

As frutas congeladas e o leite de coco são processados até se tornarem um sorvete leve e cremoso. É melhor consumi-lo imediatamente, mas também pode ser mantido no freezer depois de pronto.

Rende 4 porções

4 bananas grandes maduras cortadas grosseiramente e congeladas por pelo menos 8 horas
200 ml de leite de coco congelado por pelo menos 8 horas num saco próprio para freezer ou numa fôrma de gelo

Para servir
uma pitada de canela em pó
lascas de coco

1. Bata a banana e o leite de coco congelados no processador por 3-4 minutos, até que a mistura fique homogênea e com uma consistência leve de sorvete.

2. Sirva o sorvete em taças, decorado com um pouco de canela e lascas de coco.

Se quiser armazenar o sorvete no freezer, lembre-se de retirá-lo 10-15 minutos antes de servir.

ÓLEO

GRANOLA CASEIRA

* VEGETARIANO * SEM LATICÍNIOS

Além de bem mais em conta, a granola feita em casa é muito mais gostosa do que qualquer uma comprada pronta. Dobre seus benefícios servindo-a com iogurte ou leite de coco. Ou então espalhe-a sobre seu smoothie favorito (experimente as receitas das pp. 14 e 20).

Rende de 12 a 16 porções

500 g de flocos de aveia
4 colheres (sopa) de óleo de coco derretido
4 colheres (sopa) de maple syrup
1 colher (chá) de extrato de baunilha
100 g de sementes variadas (abóbora, girassol e chia)
150 g de oleaginosas variadas (castanha-de-caju, amêndoa e pecãs) picadas grosseiramente
100 g de frutas vermelhas desidratadas (cereja, cranberry e mirtilo)

1. Preaqueça o forno a 170°C. Coloque a aveia em uma tigela grande e regue-a com o óleo de coco, o maple syrup e o extrato de baunilha. Adicione as sementes e as oleaginosas e misture bem.

2. Espalhe a granola em duas assadeiras e leve ao forno por 15-20 minutos, até dourar e ficar crocante.

3. Deixe esfriar antes de misturá-la com as frutas vermelhas. Transfira para um recipiente hermético e consuma em 1 mês.

SOPA DE BETERRABA E RAIZ-FORTE

* VEGETARIANO

Essa sopa é perfeita para um almoço num dia mais frio. A beterraba possui muitos antioxidantes e é reforçada pela vitamina C e pelo zinco presentes na raiz-forte – o que é ótimo para evitar resfriados. Sirva a raiz-forte em uma tigela à parte, para que todos possam consumi-la de acordo com a preferência.

Rende 4 porções

1 colher (sopa) de óleo de coco
1 cebola picada finamente
1 kg de beterraba descascada e picada grosseiramente
ramos de tomilho
1 litro de caldo de legumes
sal marinho e pimenta-do--reino moída na hora

Para servir
125 ml de sour cream* ou iogurte
2 colheres (chá) de raiz-forte ralada
um punhado de salsa picada grosseiramente

* O sour cream pode ser encontrado pronto nos supermercados. Se preferir fazê-lo em casa, bata vigorosamente, com fouet ou mixer, 1 colher (sopa) de suco de limão para cada xícara (chá) de creme de leite fresco.

1. Aqueça o óleo de coco em uma panela grande em fogo baixo-médio. Adicione a cebola e refogue, mexendo de vez em quando, por 5-6 minutos, até ficar macia. Acrescente a beterraba e continue a refogar por mais 2-3 minutos. Junte o tomilho, despeje o caldo de legumes e cozinhe por 25-30 minutos, até que a beterraba fique macia.

2. No processador ou liquidificador, bata a mistura até ficar homogênea. Recoloque a sopa na panela e aqueça mais um pouco. Tempere a gosto.

3. Divida a sopa entre tigelas. Bata o sour cream com a raiz--forte até que fique homogêneo. Adicione à sopa, formando um redemoinho na superfície. Decore com a salsa.

Se não encontrar a raiz-forte fresca, utilize a industrializada ralada, não em pasta. [Se encontrar apenas a em pó, adicione pitadas até chegar ao sabor desejado.]

SOPA DE BATATA-DOCE E HARISSA

* VEGETARIANO * SEM LATICÍNIOS

A batata-doce combina muito bem com a cremosidade do coco e o toque rústico das especiarias. E essa sopa deliciosa também pode ser congelada.

Rende 4 porções

1 colher (sopa) de óleo de coco
1 cebola picada finamente
1 colher (chá) de cominho em pó
800 g de batata-doce descascada e picada finamente
1 litro de caldo de legumes
250 ml de leite de coco
sal marinho e pimenta-do-reino moída na hora

Para servir
2 colheres (chá) de pasta de harissa [ou molho de pimenta]
uma pitada de pimenta-calabresa

1. Em uma panela grande, aqueça o óleo de coco em fogo baixo-médio. Adicione a cebola e refogue, mexendo de vez em quando, por 5-6 minutos, até ficar macia. Adicione o cominho e refogue por mais 1 minuto, até ficar aromático. Adicione a batata-doce e refogue por 1 minuto, ou até dourar.

2. Despeje o caldo de legumes e o leite de coco e cozinhe por 15-20 minutos, até que a batata-doce fique macia. Bata a sopa no processador até ficar homogênea. Tempere a gosto.

3. Sirva em tigelas com um pouco da pasta de harissa e a pimenta-calabresa.

Essa sopa combina bem com o Pão chato com ervas (p. 63).

OVO À MEXICANA

* VEGETARIANO * SEM LATICÍNIOS * SEM GLÚTEN

Esse prato saboroso é perfeito para servir em um brunch. Se desejar ganhar tempo, basta preparar o molho de tomate no dia anterior e reaquecê-lo antes de adicionar os ovos.

Rende 2 porções

2 colheres (chá) de óleo de coco
1 cebola roxa fatiada finamente
2 dentes de alho amassados
1 pimentão vermelho fatiado finamente
½ pimenta-malagueta picada finamente
400 g de tomate pelado em lata picado
100 g de folhas de couve sem as hastes picadas finamente
4 ovos médios
sal marinho e pimenta-do--reino moída na hora

Para servir
um punhado de folhas de coentro

1. Preaqueça o forno a 200°C. Aqueça o óleo de coco em uma frigideira de cabo refratário de tamanho médio em fogo baixo-médio. Adicione a cebola e refogue por 6-8 minutos, até ficar macia. Se começar a pegar no fundo da frigideira, despeje um pouco de água.

2. Junte o alho, o pimentão e a pimenta-malagueta e refogue por 2-3 minutos, até o alho ficar perfumado e o pimentão e a pimenta-malagueta dourarem. Adicione o tomate e deixe ferver por 5 minutos, até que o molho tenha reduzido ligeiramente e o pimentão e a pimenta-malagueta estejam macios. Tempere levemente.

3. Espalhe a couve e faça quatro covas no molho. Coloque um ovo em cada uma e leve ao forno por 4-5 minutos, ou até que os ovos cozinhem a seu gosto. Sirva na própria frigideira com o coentro por cima.

OMELETE DE FETA, ESPINAFRE E COGUMELO

* VEGETARIANO * SEM GLÚTEN

Essa omelete é muito simples de preparar – e a proteína dos ovos e do queijo feta o manterá satisfeito por horas. Ovo e cogumelo são ricos em selênio e vitamina D.

Rende 2 unidades

3 colheres (chá) de óleo de coco
1 dente de alho picado
100 g de cogumelo-de-paris fatiado
50 g de queijo feta em pedaços pequenos
4 ovos médios batidos
sal marinho e pimenta-do--reino moída na hora

Para servir
um punhado grande de folhas pequenas de espinafre
suco de limão-siciliano

1. Em uma frigideira antiaderente de tamanho médio, aqueça 1 colher (chá) de óleo de coco em fogo médio. Refogue o alho por alguns minutos. Adicione o cogumelo e salteie por 2-3 minutos, até dourar. Retire da panela com uma escumadeira e transfira para uma tigela. Misture os cogumelos com o queijo feta e reserve.

2. Recoloque a frigideira no fogo e adicione 1 colher (chá) de óleo de coco. Reduza um pouco o fogo, tempere os ovos batidos com uma pitada de sal e pimenta-do-reino e adicione metade deles na frigideira. Quando a omelete começar a firmar (o que deve demorar cerca de 2 minutos), espalhe metade do cogumelo e do queijo feta em um lado da omelete e cubra com o espinafre e um pouco de suco de limão-siciliano. Dobre-a cuidadosamente ao meio e deslize-a em um prato.

3. Repita a operação com os ovos batidos restantes para fazer uma segunda omelete e sirva em seguida.

BATATA-DOCE RÚSTICA COM LIMÃO E PÁPRICA

* VEGETARIANO * SEM LATICÍNIOS * SEM GLÚTEN

Essa versão leve e defumada da batata frita tradicional pode ser servida apenas com uma maionese picante ou então como acompanhamento de vários pratos – experimente com o Hambúrguer de peru (p. 57). Além de deliciosa, a vitamina A contida nela colabora para uma pele saudável.

Rende 4 porções

600 g de batata-doce com casca, lavada e cortada em oito cunhas
raspas de 2 limões
1½ colher (chá) de páprica doce defumada
1½ colher (sopa) de óleo de coco derretido
4 colheres (sopa) de maionese
molho de pimenta
sal marinho e pimenta-do-reino moída na hora

1. Preaqueça o forno a 200°C. Distribua as cunhas de batata-doce em uma tigela grande e tempere-as com as raspas de 1 limão, a páprica e uma pitada de sal e pimenta-do-reino. Regue com o óleo de coco e misture até as cunhas ficarem revestidas.

2. Transfira a batata-doce para uma assadeira em uma única camada e leve ao forno por 20-25 minutos, virando-as na metade do tempo, até dourarem e ficarem crocantes.

3. Misture a maionese com o restante das raspas de limão e algumas gotas de molho de pimenta. Sirva com a batata-doce assada.

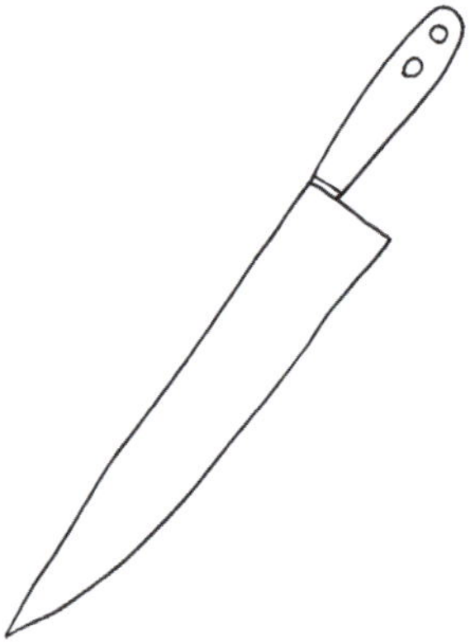

MOLHO DE TOMATE ASSADO

* VEGETARIANO * SEM LATICÍNIOS * SEM GLÚTEN

Tomates assados lentamente trazem à tona toda a sua doçura natural. Esse molho rústico é delicioso, principalmente se combinado com a sua massa favorita ou passado no processador para uma versão mais elaborada.

Rende 6-8 porções

1 kg de tomate maduro cortado ao meio
1 cebola pequena picada
4 dentes de alho grandes picados finamente
2 colheres (sopa) de óleo de coco derretido
uma pitada de açúcar
sal marinho e pimenta-do--reino moída na hora

Para servir
um punhado de folhas de manjericão

1. Preaqueça o forno a 180°C. Coloque os tomates, com o lado cortado para cima, em uma ou duas assadeiras sem os sobrepor. Espalhe a cebola e um pouco de alho picado sobre cada tomate. Regue com o óleo de coco e tempere com o açúcar, o sal marinho e a pimenta-do-reino.

2. Leve ao forno por 50-60 minutos, até que os tomates fiquem macios e com a pele ligeiramente chamuscada.

3. As metades do tomate podem ser servidas sobre a massa de sua preferência, cobertas com as folhas de manjericão, ou podem ser batidas no processador para a obtenção de um molho rústico, com pedaços.

Os tomates assados, cortados ao meio ou processados, duram 1 semana na geladeira dentro de um pote fechado.

RISOTO DE CEVADINHA E ABÓBORA

* VEGETARIANO * SEM LATICÍNIOS

A cevadinha é uma alternativa saudável e nutritiva ao arroz nesse risoto delicado. Ela possui uma porcentagem muito maior de fibras do que o arroz branco ou integral, o que favorece uma boa digestão.

Rende 4 porções

3 colheres (chá) de óleo de coco
1 abóbora-cheirosa pequena (700-800 g) cortada em cubos de 1-2 cm
2 echalotas (p. 24) descascadas e picadas finamente
2 dentes de alho amassados
um punhado pequeno de folhas de sálvia picadas grosseiramente (reserve um pouco para decorar)
300 g de cevadinha
1,5 litro de caldo de legumes
suco de ½ limão-siciliano

Para servir
um punhado de salsa picada finamente
sal marinho e pimenta-do--reino moída na hora

1. Em uma frigideira grande, aqueça 2 colheres (chá) de óleo de coco em fogo médio. Adicione a abóbora-cheirosa e salteie por 3-4 minutos, até dourar. Retire a abóbora da frigideira e reserve.

2. Junte o óleo restante na frigideira, reduza o fogo e coloque as echalotas. Refogue por 4-5 minutos, até ficarem macias. Adicione o alho e metade da sálvia e refogue por mais 1 minuto, até que o alho fique aromático.

3. Despeje a cevadinha na frigideira e refogue-a por 1-2 minutos, até tostá-la levemente. Adicione uma concha do caldo de legumes, mexendo de vez em quando, até que o líquido seja absorvido. Continue despejando o caldo e mexendo e, em seguida, acrescente o suco de limão-siciliano.

4. Misture a abóbora ao risoto após 15 minutos e cozinhe por cerca de 15 minutos, até que a cevadinha esteja macia e você tenha utilizado todo o caldo.

5. Divida o risoto entre quatro pratos, decore com o restante da sálvia e com a salsa e acrescente uma pitada de sal e pimenta-do-reino.

CAMARÃO À MODA ASIÁTICA

* SEM LATICÍNIOS * SEM GLÚTEN

Esse prato saboroso e nutritivo pode ser preparado em menos de 30 minutos – ideal para um jantar leve no meio da semana.

Rende 4 porções

200 g de macarrão de arroz integral
1 colher (sopa) de óleo de coco
2 cm de gengibre descascado e ralado finamente
2 dentes de alho amassados
talos e folhas de 2 couves-chinesas separados e cortados grosseiramente
150 g de ervilha sugar snap [ou ervilha-torta] cortada ao meio
180 g de camarão branco ou rosa cru e limpo

Para o molho
2 colheres (sopa) de molho tamari
2 colheres (chá) de açúcar de coco ou açúcar de palma
suco de 1 limão
1 pimenta-malagueta picada finamente

Para servir
2 cebolinhas picadas
1 colher (sopa) de gergelim tostado

1. Mergulhe o macarrão em uma tigela com água fervente por 5 minutos, até que fique macio. Escorra, passe-o sob água corrente fria e reserve.

2. Misture todos os ingredientes do molho e reserve.

3. Em uma frigideira grande ou wok, aqueça o óleo de coco em fogo médio. Adicione o gengibre e o alho, refogue por cerca de 1 minuto e acrescente os talos da couve-chinesa e a ervilha sugar snap. Refogue por 1 minuto, junte os camarões, deixe por mais 1 minuto e acrescente o molho. Deixe-o borbulhar por cerca de 1 minuto, até que os camarões fiquem opacos e o molho reduza ligeiramente.

4. Adicione as folhas de couve-chinesa e refogue por 1 minuto, até que comecem a murchar. Acrescente o macarrão na panela para reaquecer, misturando tudo. Distribua em quatro pratos ou tigelas e sirva com a cebolinha e o gergelim.

ESPETO DE BERINJELA E SALMÃO NO MISSÔ

* SEM LATICÍNIOS

Esses espetos são simples de preparar e incrivelmente deliciosos. O missô branco carameliza quando grelhado e oferece ao prato um equilíbrio perfeito entre doce e salgado. A família inteira vai adorar.

4 porções

Para a marinada

50 g de pasta de missô branco [ou pasta de missô escuro]
2 colheres (chá) de óleo de coco derretido
2 colheres (sopa) de mirin
1 colher (sopa) de molho tamari
2,5 cm de gengibre descascado e ralado finamente

Para os espetos

1 berinjela cortada ao meio no sentido do comprimento e cada metade cortada em oito
4 filés de salmão sem pele cortados ao meio no sentido da largura

Para servir

1 colher (sopa) de gergelim
2 cebolinhas fatiadas
um punhado de ervas frescas (coentro combina bem)

1. Prepare a marinada. Coloque a pasta de missô branco em uma tigela e misture com o óleo de coco, o mirin, o molho tamari e o gengibre.

2. Adicione a berinjela e o salmão e misture até que fiquem cobertos pela marinada. Deixe a tigela na geladeira por 1 hora ou prepare os espetos imediatamente.

3. Preaqueça o grill elétrico, ou uma frigideira canelada no fogão, na temperatura máxima. Monte cada espeto com um pedaço de berinjela, um de salmão e outro de berinjela. Transfira os espetos para uma assadeira forrada com papel-alumínio.

4. Grelhe por 1-2 minutos de cada lado, até que o salmão esteja cozido por igual e os ingredientes bem caramelizados.

5. Sirva com o gergelim, a cebolinha e as ervas por cima.

CHILI VEGANO COM GUACAMOLE E SALSA

* VEGETARIANO * SEM LATICÍNIOS * SEM GLÚTEN

O chili vegano pode ser tão saboroso e nutritivo quanto a versão com carne – esse prato é rico, condimentado com especiarias, tem batata-doce e feijão e ainda é guarnecido com guacamole e salsa, compondo uma refeição perfeitamente equilibrada.

Rende 4-6 porções

Para o chili

3 colheres (chá) de óleo de coco
600 g de batata-doce com a casca bem lavada e cortada em cubos de 2 cm
1 colher (chá) de cominho em pó
1 colher (chá) de chili em pó
1 colher (chá) de páprica defumada
1 cebola picada finamente
2 dentes de alho amassados
1 pimenta-malagueta verde picada
800 g de tomate pelado em lata picado
1 colher (sopa) de purê de tomate
400 g de feijão-roxinho cozido e escorrido
400 g de feijão-preto cozido e escorrido
sal marinho e pimenta-do--reino moída na hora

continua na página seguinte

1. Prepare o chili. Em uma frigideira grande, aqueça 1 colher (chá) de óleo de coco em fogo médio. Adicione os cubos de batata-doce e frite por 4-5 minutos, até que todos os lados dourem. Retire da panela com uma escumadeira e reserve.

2. Diminua ligeiramente o fogo e adicione o óleo de coco restante. Uma vez derretido, adicione as especiarias. Deixe por 1-2 minutos, até ficar aromático.

3. Reduza o fogo mais um pouco, junte a cebola e refogue levemente, mexendo de vez em quando, por 5-6 minutos, até ficar macia. Coloque o alho e a pimenta-malagueta verde e refogue por mais 2-3 minutos, até que a pimenta doure e o alho fique macio.

4. Adicione o tomate e o purê, recoloque a batata-doce na panela, aumente um pouco o fogo e deixe ferver por 6-8 minutos, até que a mistura tenha engrossado e reduzido um tanto. Junte o feijão-roxinho e o feijão-preto à panela e cozinhe por mais 5 minutos. Tempere a gosto. A mistura deve estar espessa, e a batata-doce, macia.

continua na página seguinte

CHILI VEGANO COM GUACAMOLE E SALSA
CONTINUAÇÃO

Para o guacamole
polpa de 1 avocado (p. 23) grande maduro
½ echalota (p. 24) picada finamente
½ pimenta-malagueta picada
suco de ½ limão (reserve metade para a salsa)
1-2 colheres (sopa) de folhas de coentro picadas
sal marinho

Para a salsa
150 g de tomate-cereja cortado em quartos
½ echalota (p. 24) picada finamente
½ pimenta-malagueta picada
suco de limão
1-2 colheres (sopa) de coentro picado
sal marinho

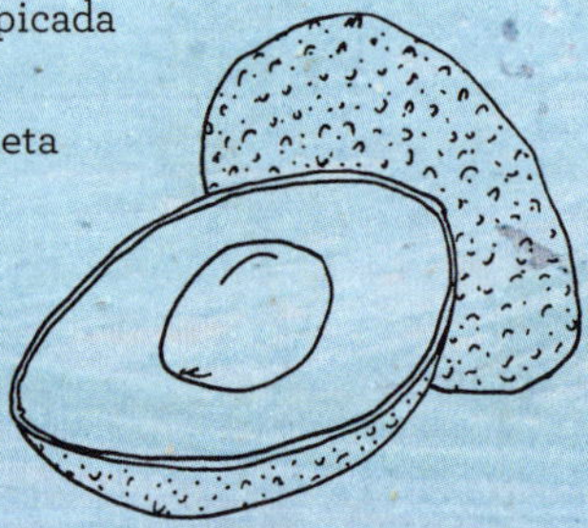

5. Para o guacamole, coloque o avocado em uma tigela e adicione a echalota, a pimenta-malagueta, metade do suco de limão e o coentro. Amasse com um garfo e tempere com um pouco de sal.

6. Para a salsa, em outra tigela, junte os tomates-cereja, a echalota, a pimenta-malagueta, o suco de limão reservado e o coentro. Tempere a gosto com sal e misture.

7. Distribua o chili em tigelas e sirva com uma colherada de guacamole e outra de salsa.

FRANGO GRELHADO COM SALADA GREGA

* SEM GLÚTEN

Esse prato, inspirado na culinária grega, lembra noites quentes de verão. Embora o frango fique delicioso servido quente, também pode ser preparado com antecedência e consumido frio com a salada. A cebola, o vinagre e o tomate dão o toque antioxidante à receita.

Rende 4 porções

4 peitos de frango médios sem pele
suco e raspas de 1 limão-siciliano
um punhado pequeno de orégano fresco picado finamente ou ½ colher (chá) de orégano seco
2 colheres (chá) de óleo de coco derretido
sal marinho e pimenta-do-reino moída na hora

Para a salada

1 cebola roxa picada
1 colher (sopa) de vinho branco ou vinagre de maçã
200 g de tomate-italiano maduro cortado em cubos
50 g de azeitona preta descaroçada
1 pepino descascado, sem sementes e fatiado
80 g de queijo feta em pedaços
2 colheres (chá) de orégano fresco picado ou 1 colher (chá) de orégano seco

1. Coloque os peitos de frango entre duas folhas de papel-manteiga e bata com um rolo para afiná-los.

2. Em uma tigela, junte o frango e espalhe sobre ele o suco e as raspas de limão-siciliano e o orégano fresco. Tempere com sal marinho e pimenta-do-reino. Deixe o frango marinar na geladeira por pelo menos 1 hora ou, de preferência, a noite toda.

3. Retire da geladeira 15 minutos antes de começar a cozinhá-lo. Aqueça uma frigideira canelada em fogo médio. Regue o frango com o óleo de coco e, quando a frigideira estiver bem quente, grelhe os filés por 4-5 minutos de cada lado, até que fique cozido por dentro.

4. Agora prepare a salada. Coloque a cebola em uma tigela e regue-a com o vinho branco. Junte os tomates, as azeitonas, o pepino e o queijo feta.

5. Coloque um filé de peito de frango em cada prato, espalhe o orégano fresco sobre os filés e sirva com a salada.

HAMBÚRGUER DE PERU COM SLAW

* SEM GLÚTEN

Esses hambúrgueres saborosos são ótimos para um jantar rápido no meio da semana ou para um churrasco. A slaw cítrica e crocante com erva-doce é uma alternativa deliciosa ao coleslaw cremoso de repolho.

Rende 4 porções

Para os hambúrgueres

500 g de carne de peru moída
3 cebolinhas picadas
50 g de queijo levemente ácido (queijo feta ou lancashire) despedaçado
2 colheres (sopa) de salsa picada finamente
2 colheres (chá) de óleo de coco
sal marinho e pimenta-do--reino moída na hora

Para a slaw

1 bulbo de erva-doce grande fatiado finamente
1 echalota (p. 24) fatiada
¼ de repolho roxo fatiado finamente
1 laranja descascada e cortada em cunhas
½ colher (chá) de semente de erva-doce
2 colheres (chá) de azeite
20 g de noz-pecã picada grosseiramente
sal marinho e pimenta-do--reino moída na hora

1. Primeiro prepare os hambúrgueres. Misture o peru com a cebolinha, o queijo e a salsa; tempere com sal marinho e pimenta-do-reino. Molde quatro hambúrgueres e reserve.

2. Em uma frigideira antiaderente grande, aqueça o óleo de coco em fogo médio. Frite os hambúrgueres por 5-6 minutos de cada lado, até dourarem e ficarem completamente cozidos.

3. Para a slaw, misture todos os ingredientes e tempere com um pouco de sal marinho e pimenta--do-reino.

4. Sirva os hambúrgueres com a slaw de erva-doce.

É melhor moer a coxa de peru, pois é mais saborosa e suculenta que o peito da ave, além de a carne ser menos gordurosa que a de frango.

FARINHA

PÃO DE FARINHA DE COCO E SEMENTES

* VEGETARIANO * SEM GLÚTEN * SEM LATICÍNIOS

Para fazer esse pão rico em sementes, não é preciso sová-lo nem esperar a massa crescer – basta misturar os ingredientes e assá-lo. As fatias ficam deliciosas, torradas ou não, acompanhadas de alguma pasta de oleaginosas.

Rende 1 unidade de 900 g

150 g de amêndoa moída
100 g de farinha de coco
1½ colher (chá) de fermento em pó
½ colher (chá) de bicarbonato de sódio
sal marinho
75 g de sementes mistas (de papoula, de girassol e de linhaça)
6 ovos grandes
50 g de óleo de coco derretido
1½ colher (sopa) de suco de limão-siciliano

1. Preaqueça o forno a 190°C. Coloque a amêndoa moída em uma tigela grande, quebrando os pedaços maiores. Adicione a farinha de coco, o fermento em pó, o bicarbonato de sódio, o sal marinho e as sementes e faça uma cova no centro.

2. Acrescente os ovos batidos, o óleo de coco e o suco de limão-siciliano e misture tudo. Transfira para uma fôrma de pão com capacidade para 900 g forrada com papel-manteiga. Leve ao forno por 40-45 minutos, até o pão dourar e assar completamente.

3. Retire a fôrma do forno e reserve por 10 minutos. Transfira o pão para uma grade para esfriar por completo. Mantenha por 3 dias em um pote hermético.

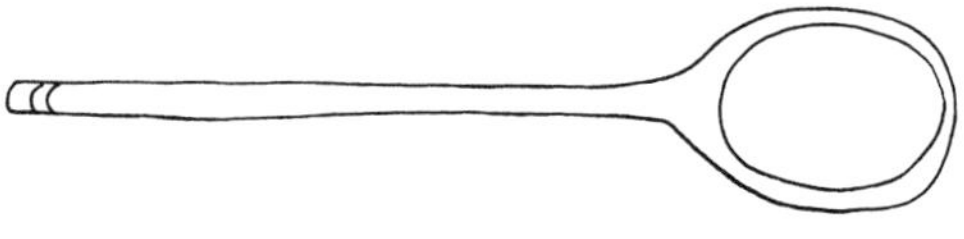

BOLO DE TÂMARA

* VEGETARIANO * SEM GLÚTEN * SEM LATICÍNIOS

Uma versão mais saudável da tradicional sobremesa britânica sticky toffee pudding, esse bolo é igualmente delicioso e repleto de fibras e proteínas. Coma quente com uma generosa camada de calda toffee.

Rende 12 porções

200 g de tâmara descaroçada e picada finamente
250 ml de água fervente
1 colher (chá) de bicarbonato de sódio
60 g de óleo de coco derretido
50 g de açúcar de coco
3 ovos grandes batidos
1 colher (chá) de extrato de baunilha
125 g de farinha sem glúten
75 g de farinha de coco
1 colher (chá) de fermento em pó
1 colher (chá) de goma xantana

Para a calda toffee
150 ml de creme de coco*
30 g de açúcar de coco
1 colher (chá) de extrato de baunilha

* Prepare o leite de coco caseiro primeiro: bata o coco fresco em pedaços com água morna e coe. Deixe na geladeira por cerca de 5 horas, e a gordura (o creme) se solidificará. Basta tirar com a colher e guardar em potes de vidro esterilizados.

1. Preaqueça o forno a 180°C. Unte levemente uma fôrma de pão com capacidade para 900 g e forre-a com papel-manteiga.

2. Coloque as tâmaras picadas em uma tigela, despeje a água fervente e junte o bicarbonato de sódio. Reserve.

3. Em outra tigela grande, bata o óleo de coco, o açúcar de coco, os ovos e o extrato de baunilha até obter uma mistura homogênea. Peneire os dois tipos de farinha, o fermento em pó e a goma xantana e bata até obter uma massa grudenta. Adicione as tâmaras, juntamente com a água em que estiveram imersas, e bata até a massa ficar mais solta.

4. Despeje a massa na fôrma e leve ao forno por 45-50 minutos, até o bolo dourar. Para verificar se está pronto, insira um palito na massa: ele deve sair limpo.

5. Retire o bolo do forno e deixe esfriar por 10 minutos antes de desenformá-lo.

6. Faça a calda toffee. Despeje o creme de coco e o açúcar de coco em uma panela e deixe cozinhar em fogo médio por 5-6 minutos, até engrossar um pouco. Adicione o extrato de baunilha. Regue as fatias de bolo com essa calda. Fica melhor quente, mas é possível armazenar o bolo em um pote hermético por 3 dias.

Verifique o bolo após 30 minutos – se estiver um pouco escuro, cubra-o com papel-alumínio e recoloque-o no forno.

PÃO CHATO COM ERVAS

* VEGETARIANO * SEM GLÚTEN * SEM LATICÍNIOS

Essa receita de pão chato é muito simples, e ele é perfeito para acompanhar patês, dahls e sopas. Experimente com a Sopa de batata-doce e harissa (p. 39).

Rende 4 unidades

50 g de farinha de coco
½ colher (chá) de goma xantana
1 colher (chá) de fermento em pó
sal marinho
3 ovos médios batidos
2 colheres (sopa) de ervas frescas mistas (salsa, tomilho, alecrim e sálvia) picadas finamente
2 colheres (sopa) de óleo de coco derretido

1. Em uma tigela, peneire a farinha, a goma xantana, o fermento em pó e uma boa pitada de sal marinho.

2. Faça uma cova no centro e adicione os ovos, as ervas e o óleo de coco. Incorpore gradualmente os ingredientes molhados aos secos para formar uma massa densa.

3. Aqueça uma frigideira antiaderente em fogo médio. Com as mãos úmidas, molde um quarto da mistura em formato de pão chato ou pita. Coloque na frigideira e doure cada lado por 2-3 minutos. Repita o procedimento até obter quatro unidades de pão.

PANQUECA DE MILHO-VERDE

* VEGETARIANO * SEM GLÚTEN * SEM LATICÍNIOS

Essas panquecas são nutritivas e uma opção deliciosa para o brunch. A receita também oferece as vitaminas, os minerais e os antioxidantes do abacate e do tomate.

Rende 4 porções

Para as panquecas

400 g de milho-verde (peso escorrido)
40 g de farinha de coco
25 g de farinha sem glúten
1½ colher (chá) de fermento em pó
¼ de colher (chá) de sal marinho
1 colher (chá) de páprica defumada
2 cebolinhas picadas
1 pimenta-malagueta picada
3 ovos médios batidos
100-150 ml de leite de amêndoa
2 colheres (chá) de óleo de coco

Para a salsa

100 g de tomate picado grosseiramente
1 echalota (p. 24) picada finamente
um punhado de salsa e coentro frescos picados grosseiramente
suco de 1 limão
1 avocado (p. 23) grande e maduro fatiado

1. Coloque 300 g de milho-verde em uma tigela e peneire por cima dele os dois tipos de farinha, o fermento em pó, o sal marinho e a páprica. Adicione a cebolinha e a pimenta-malagueta e misture bem.

2. Coloque o milho-verde restante no processador, junte os ovos e bata até ficar homogêneo. Adicione à mistura de milho-verde e farinha e mexa até formar uma massa. Despeje o leite de amêndoa aos poucos para obter uma consistência espessa e porosa.

3. Aqueça o óleo de coco em uma frigideira antiaderente em fogo médio e junte 2 colheres (sopa) cheias da massa. Frite cada panqueca por 2-3 minutos de cada lado, até que dourem e fiquem cozidas. Repita com a massa restante. Reserve as panquecas e mantenha-as aquecidas.

4. Para a salsa, misture o tomate, a echalota, as ervas e o limão e distribua sobre o avocado.

5. Sirva as panquecas acompanhadas da salsa em uma travessa.

COOKIE DE PASTA DE AMENDOIM

* VEGETARIANO * SEM GLÚTEN

Esses cookies são perfeitos para o lanche da tarde. Eles tendem a aumentar um pouco de tamanho enquanto assam, então moldá-los em discos vai ajudar a preservar o formato de cookie.

Rende 16-20 unidades

75 g de amêndoa moída
60 g de farinha de coco
1 colher (chá) de fermento em pó
1 colher (chá) de goma xantana
150 g de pasta de amendoim crocante
75 g de óleo de coco derretido
3 ovos médios batidos
75 g de açúcar de coco
50 ml de maple syrup
1 colher (chá) de extrato de baunilha
50 g de chocolate amargo (70% ou mais de cacau) picado finamente

1. Preaqueça o forno a 180°C. Forre duas assadeiras com papel-manteiga.

2. Coloque a amêndoa moída em uma tigela grande, quebrando os pedaços maiores. Adicione a farinha de coco, o fermento em pó e a goma xantana e faça uma cova no centro.

3. Acrescente a pasta de amendoim e, em seguida, o óleo de coco, os ovos, o açúcar de coco, o maple syrup e o extrato de baunilha. Incorpore os ingredientes molhados aos secos para criar uma massa espessa. Acrescente o chocolate.

4. Modele colheradas da massa em discos usando a palma das mãos. Em seguida, transfira-os para as assadeiras já preparadas, deixando um espaço de pelo menos 2 cm entre cada disco.

5. Asse os cookies por 10-12 minutos, até crescerem e dourarem. Retire do forno e deixe que esfriem na assadeira por 10 minutos antes de transferi-los para uma grade de resfriamento. Os biscoitos ficam deliciosos quentes, mas também podem ser mantidos por 3 dias em um pote hermético.

PANQUECA COM BANANA CARAMELADA

* VEGETARIANO * SEM GLÚTEN * SEM LATICÍNIOS

Depois de experimentar essas panquecas com bananas carameladas, você vai comprovar que elas são uma ótima opção para o café da manhã ou brunch. A farinha de coco deixa a massa muito mais leve do que a versão com farinha de trigo.

Rende 2 porções

50 g de farinha de coco
1 colher (chá) de fermento em pó
sal marinho
3 colheres (sopa) de óleo de coco derretido, mais um pouco para fritar
4 ovos grandes batidos
100 ml de leite de coco ou leite de amêndoa
2 bananas fatiadas
6 colheres (sopa) de maple syrup

1. Primeiro prepare a massa. Peneire a farinha de coco e o fermento em pó em uma tigela. Misture o sal marinho e faça uma cova no centro. Adicione o óleo de coco e os ovos e bata para incorporar gradualmente a farinha. Despeje o leite de coco aos poucos e mexa até obter uma consistência de creme firme.

2. Em uma frigideira antiaderente grande, aqueça um pouco de óleo de coco e adicione 2 colheres (sopa) da massa formando círculos, com o cuidado de deixar um pouco de espaço entre eles. Frite-as por 1-2 minutos. Quando as bordas ficarem definidas e houver bolhas na superfície das panquecas, vire-as e continue a fritar por mais 1-2 minutos, até que desgrudem da frigideira, dourem e fiquem fofas. Reserve--as e mantenha-as aquecidas enquanto você repete o processo até que toda a massa seja utilizada.

3. Com a frigideira ainda no fogo, adicione um pouco mais de óleo de coco. Frite as fatias de banana por 30 segundos. Despeje 2 colheres (sopa) do maple syrup, vire as bananas e frite por mais 30-60 segundos, até dourarem por igual e ficarem carameladas.

4. Divida as panquecas entre dois pratos e sirva com as bananas e o maple syrup restante.

MUFFIN DE LARANJA E SEMENTE DE PAPOULA

* VEGETARIANO * SEM LATICÍNIOS

Esses muffins ricos em proteína e fibras são excelentes no café da manhã ou no lanche da tarde. Se desejar variar a receita, use laranjas vermelhas doces e carnudas.

Rende 12 unidades

200 g de farinha de espelta [ou farinha de arroz ou farinha de quinoa]
50 g de farinha de coco
1 colher (chá) de fermento em pó
½ colher (chá) de bicarbonato de sódio
4 ovos médios batidos
75 g de óleo de coco derretido
100 g de açúcar de coco
2 laranjas descascadas e em 6 rodelas cada uma, mais as raspas da casca
2 colheres (sopa) de semente de papoula
100-150 ml de leite de amêndoa ou leite de coco

1. Preaqueça o forno a 180°C. Forre doze cavidades de uma fôrma para muffins com papel-manteiga.

2. Peneire os dois tipos de farinha, o fermento em pó e o bicarbonato de sódio em uma tigela grande. Faça uma cova no centro dos ingredientes secos e despeje os ovos, o óleo de coco, o açúcar de coco, as raspas da casca de laranja e as sementes de papoula. Use uma colher de metal para incorporar os ingredientes molhados aos secos, adicionando leite aos poucos para que a consistência fique um pouco mais mole.

3. Preencha dois terços de cada cavidade da fôrma de muffin com a massa e cubra com uma rodela de laranja. Asse por 18-20 minutos. Espete a massa com um palito e, se sair limpo, o muffin está pronto.

4. Sirva quente ou frio. Os muffins duram 2 dias em um pote hermético.

Ao optar pela laranja vermelha, você aumenta a vitamina C da receita – essa variedade de laranja contém 40% mais vitamina C do que as outras.

BROWNIE COM PISTACHE

* VEGETARIANO * SEM GLÚTEN

Se quiser experimentar um brownie delicioso sem ficar com a consciência pesada, prepare esse, que é repleto de gorduras boas, farinha de coco com alto teor de fibras e chocolate amargo rico em antioxidantes.

Rende 16 porções

175 g de óleo de coco ou manteiga
200 g de chocolate amargo (70% ou mais de cacau) picado grosseiramente
50 g de amêndoa moída
75 g de farinha de coco
10 g de cacau em pó
150 g de açúcar de coco
50 ml de maple syrup
3 ovos médios batidos
1 colher (chá) de extrato de baunilha
100 g de pistache picado grosseiramente

1. Preaqueça o forno a 180°C. Unte uma assadeira de 20 cm x 20 cm e forre-a com papel-manteiga.

2. Coloque o óleo de coco e o chocolate amargo em uma panela. Deixe que derretam em fogo muito baixo, mexendo de vez em quando. Retire do fogo e reserve.

3. Em uma tigela grande, ponha a amêndoa moída, quebrando os pedaços maiores. Peneire a farinha de coco e o cacau em pó.

4. Em outra tigela, bata o açúcar de coco, o maple syrup e os ovos com um mixer até obter um creme claro e fofo – isso leva cerca de 3-4 minutos.

5. Despeje a mistura de ovos sobre os ingredientes secos e use uma colher grande de metal para misturar. Adicione o chocolate amargo derretido, o extrato de baunilha e três quartos do pistache e mexa cuidadosamente, para não incorporar muito ar.

6. Distribua a massa na assadeira forrada, espalhe o pistache reservado e asse por 20-25 minutos, até a parte superior do brownie ficar crocante. Deixe esfriar um pouco e corte em quadrados. Mantenha em um pote hermético por 3 dias.

DESIDRATADO

VEGETAIS GRELHADOS

* VEGETARIANO * SEM GLÚTEN * SEM LATICÍNIOS

Ótimos como acompanhamento ou prato principal, esses vegetais grelhados combinam com o toque ácido do sumagre e do limão-siciliano e a doçura rústica do coco.

Rende 4 porções

Para a marinada

2 colheres (chá) de óleo de coco derretido
2 dentes de alho amassados
¼ de colher (chá) de sumagre
raspas de 1 limão-siciliano, mais o suco para servir
sal marinho e pimenta-do-reino moída na hora

Para os vegetais

1 bulbo de erva-doce cortado em oito cunhas
200 g de aspargo aparado
200 g de brócolis aparados
200 g de tomate-cereja
20 g de lascas de coco

1. Primeiro prepare a marinada. Despeje o óleo de coco em uma tigela grande e adicione o alho, o sumagre e as raspas de limão-siciliano. Tempere com sal marinho e pimenta-do-reino a gosto.

2. Junte a erva-doce, o aspargo, os brócolis e o tomate-cereja e mexa para envolvê-los com a marinada.

3. Aqueça uma frigideira canelada em fogo médio e, quando estiver quente, disponha parte dos vegetais em uma única camada. Grelhe por cerca de 2 minutos de cada lado, até que fiquem levemente chamuscados e macios. Reserve e repita com os demais.

4. Depois de retirar os vegetais da frigideira canelada, espalhe as lascas de coco e toste-as rapidamente, até dourarem.

5. Divida os vegetais entre quatro pratos, regue-os com o suco de limão-siciliano e finalize com as lascas de coco tostadas.

BACALHAU COM RABANETE E ERVAS

* SEM GLÚTEN * SEM LATICÍNIOS

Embora essa receita exija certa atenção ao tempo de preparo, ela é uma opção deliciosa para o jantar. A salada de rabanete e as lascas de coco são uma boa fonte de fibras.

Rende 4 porções

4 filés de lombo de bacalhau sem pele (cerca de 175 g cada um)
2 colheres (sopa) de óleo de coco derretido ou azeite
suco e raspas de 1 limão--siciliano
1 echalota (p.24) picada finamente
200 g de rabanete cortado ao meio
20 g de lascas de coco
sal marinho e pimenta-do--reino moída na hora

Para servir
um punhado de ervas frescas mistas (manjericão, endro e salsa) picadas grosseiramente
100 g de folhas para salada

1. Preaqueça o forno em temperatura média. Pincele os filés de bacalhau com metade do óleo de coco e coloque-os em uma assadeira forrada com papel-alumínio. Espalhe sobre eles as raspas de limão--siciliano e leve ao forno por 10-12 minutos, até que os filés possam ser partidos em lascas com facilidade. Reserve e mantenha-os aquecidos.

2. Enquanto isso, regue a echalota com o suco de limão--siciliano e reserve. Misture os rabanetes com o óleo de coco restante, tempere com sal marinho e pimenta-do-reino e leve ao forno por 3-4 minutos, até dourar levemente. Nos últimos 30 segundos de forno, cubra os rabanetes com as lascas de coco.

3. Distribua os filés entre quatro pratos e espalhe sobre eles a echalota picada, os rabanetes e as lascas de coco. Sirva acompanhado das ervas e da salada de folhas.

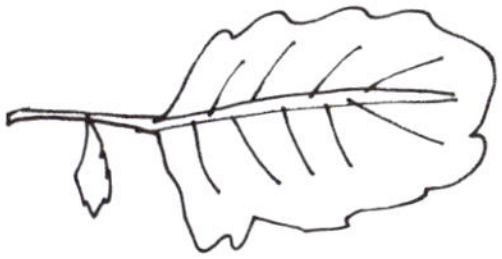

FRANGO PICANTE COM SALADA DE PEPINO

* SEM GLÚTEN * SEM LATICÍNIOS

O coco ralado, com sua leveza e crocância, é uma alternativa deliciosa e cheia de fibras para empanar o frango. Sirva com uma salada de pepino refrescante e tenha um jantar leve e saboroso.

Rende 4 porções

60 g de coco ralado seco
raspas de 1 limão (cortado depois em cunhas, para guarnecer)
¼ de colher (chá) de pimenta-calabresa
1 ovo grande batido
4 peitos de frango sem pele
1 colher (sopa) de óleo de coco derretido
sal marinho e pimenta-do-reino moída na hora

Para a salada
1 colher (sopa) de vinagre de arroz
1 colher (chá) de açúcar de coco ou de açúcar de palma
1 pepino grande cortado ao meio no sentido do comprimento, sem sementes e fatiado
um punhado pequeno de coentro, hortelã e endro frescos picados

1. Preaqueça o forno a 200°C. Para empanar o frango, misture o coco seco, as raspas de limão e uma pitada de pimenta-calabresa em um prato fundo. Tempere levemente com sal marinho e pimenta-do-reino. Em outro prato fundo, deve estar o ovo batido.

2. Mergulhe cada peito de frango no ovo e, em seguida, passe-o na mistura de coco. Transfira para uma assadeira, regue com o óleo de coco e asse por 18-20 minutos, ou até dourar a crosta e o frango ficar cozido por dentro.

3. Enquanto isso, prepare a salada. Misture o mirin com o açúcar de coco até dissolvê-lo completamente. Passe o pepino nesse molho e espalhe sobre ele as ervas e a pimenta-calabresa restante.

4. Divida o frango e a salada entre quatro pratos e guarneça cada um com uma cunha de limão.

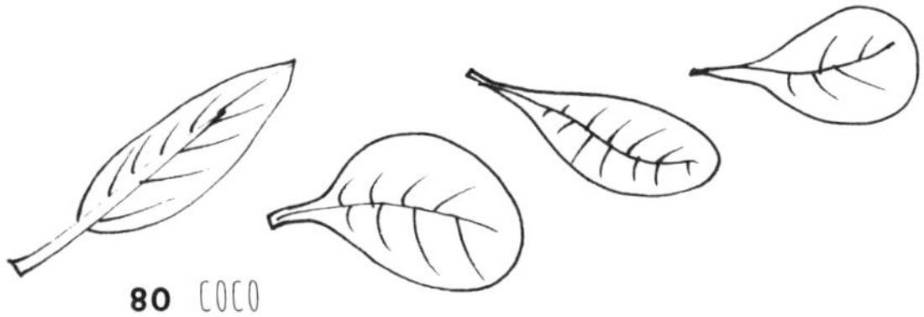

CARPACCIO DE ABACAXI

* VEGETARIANO * SEM GLÚTEN * SEM LATICÍNIOS

Esse carpaccio transforma uma simples fruta em um prato digno de orgulho para servir a seus convidados. As lascas de coco tostadas e a acidez do limão misturado ao açúcar criam uma textura e um sabor especiais.

Rende 4-5 porções

1 abacaxi fresco
20 g de lascas de coco
raspas de 1 limão
15 g de açúcar de coco

1. Corte a base e a coroa do abacaxi e coloque-o na vertical sobre uma tábua. Retire a casca em tiras, de cima para baixo, e remova os olhos da fruta com uma faca pequena. Deite o abacaxi de lado e corte-o em fatias finas.

2. Toste as lascas de coco em uma panela antiaderente pequena até dourarem. Retire do fogo e reserve.

3. Disponha as fatias de abacaxi em uma travessa e distribua o coco sobre elas. Misture as raspas de limão e o açúcar de coco, espalhe sobre o abacaxi e sirva imediatamente.

DOCINHO DE TÂMARA E CACAU

* VEGETARIANO * SEM GLÚTEN * SEM LATICÍNIOS

Esses docinhos repletos de energia parecem trufas de chocolate, embora sejam muito mais saudáveis por conterem nutrientes e gorduras boas. São ideais para antes da academia ou no lanche da tarde.

Rende 16-18 unidades

200 g de tâmara descaroçada
1 colher (sopa) de óleo de coco
¼ de colher (chá) de canela em pó
60 g de coco ralado seco, mais 2 colheres (sopa) para servir
3 colheres (sopa) de cacau em pó (confira na embalagem se contém lactose)

1. Coloque as tâmaras, o óleo de coco, a canela, 60 g de coco ralado e 1 colher (sopa) de cacau em pó no processador e bata até obter uma massa homogênea.

2. Com as mãos úmidas, faça bolinhas com a massa. Espalhe o coco ralado restante em um prato e o cacau em pó restante em outro. Passe metade dos docinhos no coco e metade no cacau. Leve à geladeira para firmar.

Os docinhos podem ser mantidos na geladeira por 10 dias. São perfeitos para quando bate aquela fome inesperada.

COOKIE DE AVEIA E GINJA

* VEGETARIANO * SEM LATICÍNIOS

Esses cookies crocantes de aveia e ginja (cereja azeda) combinam maravilhosamente bem com uma xícara de chá ou chocolate quente (experimente o da p. 17). Também são uma excelente opção para beliscar no trabalho.

Rende 12-16 unidades

40 g de farinha de coco
½ colher (chá) de fermento em pó
½ colher (chá) de canela em pó
90 g de aveia em flocos
25 g de coco ralado seco
75 g de óleo de coco derretido
75 g de açúcar de coco ou açúcar demerara
50 ml de maple syrup
1 ovo grande batido
60 g de ginja [ou cranberry] desidratada picada grosseiramente

1. Preaqueça o forno a 180°C. Forre duas assadeiras grandes com papel-manteiga e reserve.

2. Peneire a farinha de coco, o fermento em pó e a canela em pó em uma tigela grande. Junte a aveia e o coco ralado e faça uma cova no centro. Adicione óleo de coco, o açúcar de coco, o maple syrup e o ovo. Incorpore os ingredientes molhados aos secos para fazer uma massa espessa e grudenta. Junte a ginja.

3. Coloque colheradas de sopa cheias da massa nas assadeiras, deixando um espaço de pelo menos 4 cm entre cada cookie.

4. Leve ao forno por 12-14 minutos, até os cookies dourarem e crescerem. Deixe-os esfriarem nas assadeiras por 10 minutos antes de transferi-los para uma grade. Os cookies podem ser mantidos por 3 dias em um pote hermético.

BARRINHA CROCANTE

* VEGETARIANO * SEM LATICÍNIOS

Essas barrinhas são um petisco delicioso e ajudam a aumentar a energia. Guarde-as em um pote hermético e tenha-as sempre à mão para saciar aquela fome fora de hora.

Rende 12 unidades

6 tâmaras descaroçadas
50 ml de água quente
50 g de óleo de coco derretido
2 colheres (sopa) de pasta de amendoim crocante
2 colheres (sopa) de mel
1 banana grande picada grosseiramente
200 g de flocos de aveia
75 g de coco ralado seco
50 g de cranberry desidratada
80 g de semente de abóbora

1. Preaqueça o forno a 160°C. Unte uma assadeira de 20 cm x 20 cm e forre-a com papel-manteiga.

2. Mergulhe as tâmaras na água quente por 10 minutos, para amolecê-las. Coloque-as no processador com a água em que estavam imersas, o óleo de coco, a pasta de amendoim, o mel e a banana. Bata até ficar homogêneo.

3. Despeje a massa em uma tigela, junte os flocos de aveia, o coco ralado, a cranberry e as sementes de abóbora e misture bem. Espalhe a massa na assadeira já preparada e leve ao forno por 50-60 minutos, até dourar e ficar ligeiramente crocante. Deixe esfriar e corte em doze pedaços. As barrinhas podem ser mantidas por 4 dias em um pote hermético.

Para acentuar o sabor, toste ligeiramente o coco e a aveia em uma frigideira sem óleo antes de adicioná-los à massa.

BANOFFEE NO POTE

* VEGETARIANO * SEM GLÚTEN

Essa sobremesa é um pouco trabalhosa, mas todo o seu esforço será recompensado. É uma versão mais saudável da banoffee clássica inglesa e fará sucesso entre seus convidados.

Rende 4 porções

Para o toffee
200 ml de creme de coco [p. 62]
50 g de açúcar de coco
sal marinho

Para a base
30 g de coco ralado seco
30 g de noz-pecã
1 tâmara descaroçada
1 colher (chá) de óleo de coco

Para a cobertura
125 ml de creme de coco [p. 62] gelado
2 bananas cortadas em rodelas
20 g de chocolate amargo (70% ou mais de cacau) ralado

1. Primeiro prepare o toffee. Coloque o creme de coco e o açúcar de coco em uma panela pequena e leve ao fogo médio. Deixe ferver e cozinhe em fogo brando por 6-8 minutos, mexendo sempre, até engrossar. Adicione uma pitada de sal e deixe esfriar.

2. Quando o toffee estiver em temperatura ambiente, transfira-o para uma tigela, cubra com filme de PVC e leve à geladeira por pelo menos 2 horas. Pode ser preparado com 1 semana de antecedência.

3. Para a base, coloque todos os ingredientes no processador e bata até ficar homogêneo e grudento. Divida a mistura entre quatro potes ou ramequins e deixe firmar na geladeira por 1 hora.

4. Para a cobertura, bata o creme de coco com um mixer até engrossar. Em seguida, coloque uma colherada do toffee sobre cada uma das bases e espalhe-o até alcançar as bordas. Cubra com as rodelas de banana, uma colherada de creme de coco e o chocolate ralado. Sirva imediatamente.

ÍNDICE

AGRADECIMENTOS

Muito obrigada a todos da Kyle Books, em particular a Claire Rogers. Agradeço também a Clare Winfield pelas belas fotos e a Wei pelos lindos objetos. Foi ótimo trabalhar com uma equipe tão divertida e criativa.

Agradeço imensamente a Nicola, por ser meu braço direito e a fonte de muitas risadas nos dias em que tiramos as fotos. Também sou grata a Poopy, por testar todas as receitas com afinco e por todo o seu brilho.

Devo um enorme obrigada à minha talentosa amiga Jenni Desmond, pelas maravilhosas ilustrações. Estou muito feliz por termos finalmente conseguido trabalhar juntas.

Obrigada a meus queridos amigos, à minha família e ao Bob, pelo apoio e por experimentarem minhas receitas com tanto entusiasmo.

Título original: *The Goodness of Coconut*

Publicado originalmente na Grã-Bretanha em 2016 pela Kyle Books, um selo da Kyle Cathie Ltd, 192-198 Vauxhall Bridge Road, SW1V 1DX, Londres, Inglaterra.

Coordenação do projeto: Publifolha
Editora-assistente: Fabiana Grazioli Medina
Coordenadora de produção gráfica: Mariana Metidieri

Produção editorial: A2
Coordenação: Sandra R. F. Espilotro
Tradução: Danielle Mendes Sales
Consultoria culinária: Luana Budel
Preparação de texto: Carla Fortino
Revisão: Maria A. Medeiros, Carmen T. S. Costa

Edição original: Kyle Books
Editora de projeto: Claire Rogers
Editora de texto: Eve Pertile
Designer: Helen Bratby
Fotos: Clare Winfield
Ilustração: Jenni Desmond
Produção culinária: Emily Jonzen
Produção de objetos: Wei Tang
Produção: Nic Jones e Gemma John
Design da capa: Helen Bratby
Fotos da capa e contracapa: Clare Winfield

Dados Internacionais de Catalogação na Publicação (CIP)
(Câmara Brasileira do Livro, SP, Brasil)

Jonzen, Emily
Os benefícios do coco : 40 receitas irresistíveis para aumentar a energia / Emily Jonzen ; [tradução Danielle Mendes Sales] ; fotos de Clare Winfield. -- São Paulo : Publifolha, 2017. -- (Os Benefícios)

Título original: The goodness of coconut
ISBN: 978-85-68684-82-5

1. Culinária 2. Alimentos - História 3. Coco - História 4. Coco como alimento 5. Coco - Aspectos da saúde 6. Culinária (Coco) 7. Gastronomia 8. Receitas culinárias I. Winfield, Clare. II. Título IV. Série.

17-01927 CDD-641.64

Índices para catálogo sistemático:
1. Coco : Culinária : Receitas : Economia doméstica 641.64

Este livro segue as regras do Acordo Ortográfico da Língua Portuguesa (1990), em vigor desde 1º de janeiro de 2009.

Impresso na China.

PUBLIFOLHA
Divisão de Publicações do Grupo Folha
Al. Barão de Limeira, 401, 6º andar
CEP 01202-900, São Paulo, SP
www.publifolha.com.br

NOTA DO EDITOR

Apesar de todos os cuidados tomados na elaboração das receitas deste livro, os editores não se responsabilizam por erros ou omissões decorrentes da preparação dos pratos.

Pessoas com restrições alimentares, grávidas e lactantes devem consultar um médico especialista sobre os ingredientes de cada receita antes de prepará-la.

As fotos deste livro podem conter acompanhamentos ou ingredientes meramente ilustrativos.

Em todas as receitas deste livro, foram usados ovos orgânicos.

Observações, exceto se orientado de outra forma:
Use sempre ingredientes frescos.
O forno deve ser preaquecido na temperatura indicada na receita.

Equivalência de medidas:
- 1 colher (chá) = 5 ml
- 1 colher (sopa) = 15 ml
- 1 xícara (chá) = 250 ml

Nas listas de ingredientes, as indicações entre colchetes correspondem à consultoria culinária específica para a edição brasileira.

Para minha mãe e Jess

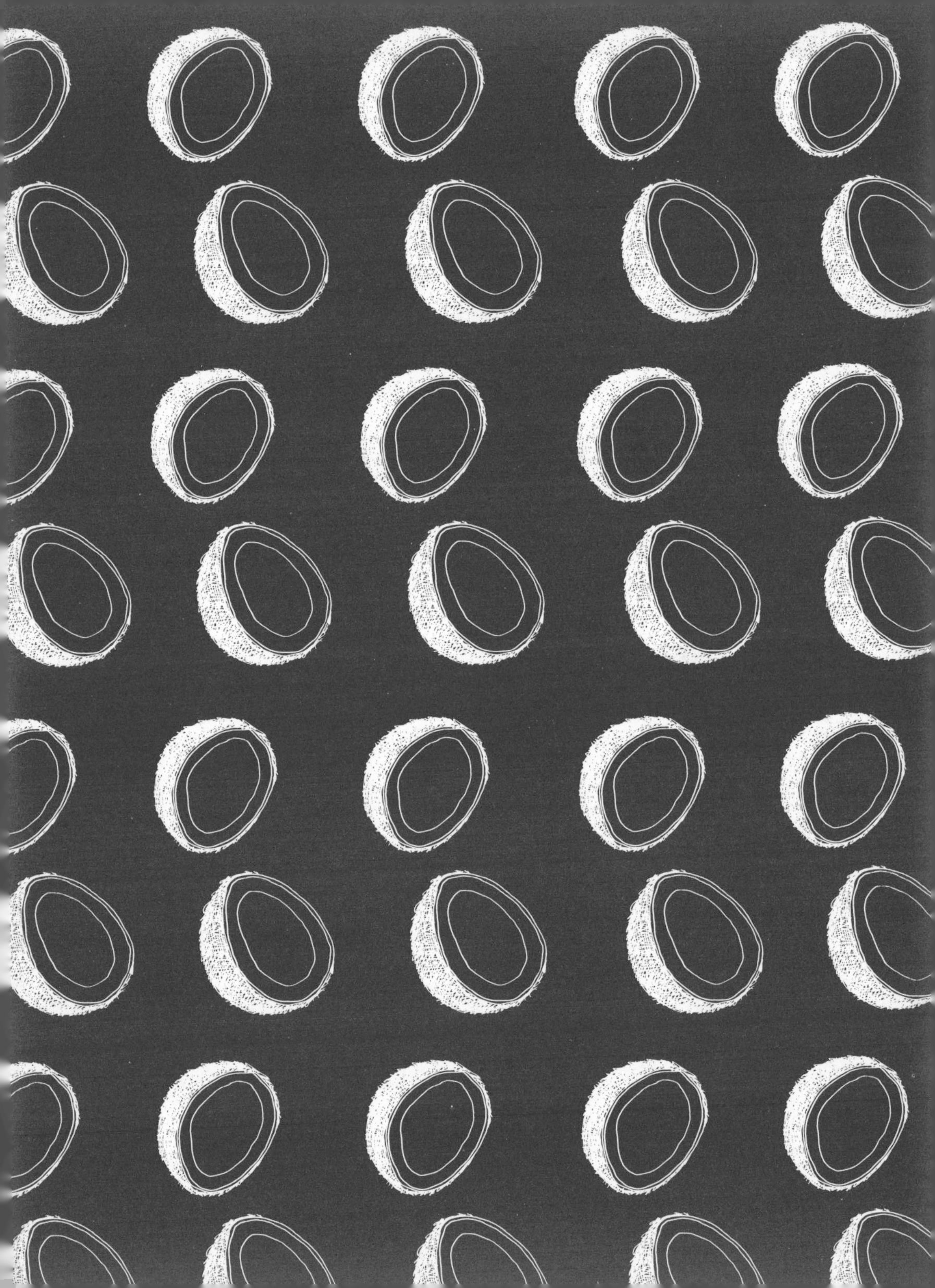